AF450785

LETTRE

SVR LES

OBSERVATIONS

D'VNE COMEDIE

DV Sr MOLIERE,

Intitulée

LE FESTIN

DE PIERRE.

A PARIS,

Chez GABRIEL QVINET, au Palais,
dans la Galerie des Prisonniers,
à l'Ange Gabriel.

M. DC. LXV.

AVEC PERMISSION.

LETTRE

SVR LES

OBSERVATIONS

D'VNE COMEDIE

DV Sr MOLIERE,

Intitulée

LE FESTIN

DE PIERRE.

Visque vous souhaittés, qu'en vous enuoyant les Obseruations sur le Festin de Pierre, ie vous écriue ce que i'en pense, ie vous diray mon

ſentiment en peu de paroles :
pour ne pas imiter l'Autheur de
ces Remarques, qui les a rem-
plies de beaucoup de choſes dont
il auroit pû ſe diſpenſer, puis
qu'elles ne ſont point de ſon ſu-
jet, & qu'elles font voir que la
paſſion y a beaucoup de part,
bien qu'il s'efforce de perſuader
le contraire.

Encore que l'Enuie ſoit generallement condamnée, elle ne
laiſſe pas quelquefois, de ſeruir
ceux à qui elle s'attache le plus
obſtinement, puis qu'elle fait
connoiſtre leur merite; & que
c'eſt elle, pour ainſi dire, qui y
met la derniere main. Celuy de
Monſieur de Moliere eſtant depuis long-temps reconnu, elle n'épargne rien pour empé-
cher que l'on en perde la memoi-

re; & pour l'éleuer dauantage,
elle fait tout ce qu'elle peut pour
l'accabler; mais comme il eſt in-
oüy de dire que l'on attaque vne
Perſonne à cauſe qu'elle a du merite, & que l'on cherche toûjours
des pretextes ſpecieux pour tâ-
cher de l'affoiblir; voyons de-
quoy s'eſt ſeruy l'Autheur de ces
Obſeruations.

Ie ne doute point que vous
n'admiriez d'abord ſon addreſ-
ſe, lors que vous verrez qu'il cou-
ure du manteau de la Religion
tout ce qu'il dit à Moliere. Ce
pretexte eſt grand, il eſt ſpecieux, il impoſe beaucoup, il permet de tout dire impunément; &
quand celuy qui s'en ſert n'auroit pas raiſon, il ſemble qu'il y
ait vn eſpece de crime à le com-
batre. Quelques injures que l'on

puiſſe dire à vn Innocent, on craint de le défendre, lors que la Religion y eſt mélée : l'impoſteur eſt toûjours à couuert ſous ce voile, l'innocent toûjours opprimé, & la verité toûjours cachée. L'on n'oſe la mettre au iour, de crainte d'eſtre regardé comme le Défenſeur de ce que la Religion condamne, encor qu'elle n'y prenne point de part, & qu'il ſoit aiſé de iuger qu'elle parleroit autrement ſi elle pouuoit parler elle-meſme ; ce qui m'oblige à vous dire mon ſentiment, ce que ie ne ferois toutefois pas ſans ſcrupule, ſi l'Autheur de ces Obſeruations auoit parlé auec moins de paſſion.

Ie vous auouë que ſi ces Remarques partoient d'vn eſprit que la paſſion fit moins parler, & que

si elles estoient aussi iustes qu'elles sont bien écrites, il seroit
difficile de trouuer vn Liure plus
acheué ; mais vous connoistrez
d'abord, que la Charité ne fait
point parler cet Autheur, & qu'il
n'a point dessein de seruir Moliere, encor qu'il le mette au
commencement de son Liure.
On ne publie point les fautes
d'vn homme pour les corriger,
& les aduis ne sont point charitables lors qu'on les donne au
Public, & qu'il ne les peut sçauoir qu'auec tout vn Peuple, &
quelquefois mesme vn peu plus
tard. La Charité veut que l'on ne
reprenne son Prochain qu'en
particulier, & que l'on trauaille
à cacher ses fautes à tout le Monde, au moment que l'on tâche à
les luy faire connoistre.

A iiij

La premiere chose où l'Autheur de ces Obseruations fait connoître sa paſſion, eſt que par vne affectation qui marque que sa bile eſt vn peu trop échauffée, il ne traite Moliere que de Farceur ; & ne luy donnant du talent que pour la Farce, il luy oſte en meſme temps, les Rencontres de Gautier - Garguille ; les Impromptus de Turlupin ; la Brauoure du Capitan ; la Naïueté de Iodelet ; la Pance de gros Guillaume, & la Science du Docteur : mais il ne conſidere pas que sa paſſion l'aueugle, & qu'il a tort de luy donner du talent pour la Farce , & de ne vouloir pas qu'il ait rien du Farceur. C'eſt iuſtement dire qu'il l'eſt, sans en donner de preuue, & soûtenir en meſme temps , par des raiſons

conuainquantes , qu'il ne l'est
pas. Ie ne connois point cet Autheur , mais il faut auoüer qu'il
aime bien la Farce , puis qu'il en
parle si pertinemment , que l'on
peut croire qu'il s'y connoist
mieux qu'à la belle Comedie.

Apres ce beau galimathias qui
ne conclud rien , ce charitable
Donneur d'aduis veut par vn
grand discours fort vtile à la
Religion , & fort necessaire à son
sujet, prouuer que les Pieces de
Moliere ne valent rien, pource
qu'elles sont trop bien ioüées, &
qu'il sçait leur dõner de la grace,
& en faire remarquer toutes les
beautés; mais il ne prend pas garde qu'il augmente sa gloire, en
mesme temps qu'il croit la dimi-
nuer ; puis qu'il auoüe qu'il est
bon Comedien, & que cette qua-
A v

lité n'est pas suffisante pour prouuer comme il le pretend, qu'il est méchant Autheur.

Toutes ces choses n'ont aucun rapport auec les aduis charitables qu'il veut donner à Moliere. Son Ieu ne doit point auoir de démélé auec la Religion ; & la Charité qui fait parler l'Autheur des Obseruations , n'exigeoit point de luy cette Satyre. Il fait plus toutefois, il condamne son geste & sa voix ; & par vn pur zele de Chrestien, & qui part d'vn cœur vrayement deuot, il dit que la Nature luy a dénié des agréemés qu'il ne luy faut pas demander, comme si quand il manqueroit quelque chose à Moliere de ce costé là, ce qui se dément assez de soy mesme, il dévroit estre criminel, pour n'estre pas bien fait. Si cela auoit lieu, les Borgnes, les Bossus, les Boiteux, & generallement toutes les Personnes difformes seroient bien miserables, puisque leurs corps ne pourroient pas loger vne belle ame.

Vous me direz peut-estre, Monsieur, que toutes ces Obseruations ne font rien au sujet : i'en demeure d'accord auec vous, mais ie n'en suis pas l'autheur, & si celuy de ces Remarques est sorty de sa matiere, vous ne le deuez pas blâmer. Comme il soutient le Party de la Religion, il a creu que l'on n'examineroit pas, s'il disoit des choses qui ne la regardoient point ; & que pourueu qu'elles eussent toutes vn mesme pretexte, elles seroient bien receuës.

Il n'a pas pris garde que sa paf-
fion l'a emporté, que fon zele
eft deuenu indifcret, & que la
Prudence fe rencontre rarement
dans lesOuurages qui font écrits
auec tant de chaleur. Cepédant,
ie m'étonne, que dans le deffein
qu'il auoit de paroître, il n'ait
pas examiné de plus prés ce qu'il
a mis au iour, afin que l'on ne luy
pût rien reprocher, & qu'il pût
voir par là, fon ambition fatis-
faite ; car vous n'ignorez pas que
c'eft le partage de ceux qui font
profeffion ouuerte deDeuotion.

A quoy fongiez-vous, Mo-
liere, quand vous fiftes deffein
de ioüer les Tartufles ? fi vous
n'auiez iamais eu cette pensée,
voftre Feftin de Pierre ne feroit
pas fi criminel. Comme on ne
chercheroit point à vous nuire,
l'efprit

l'esprit de vangeance ne feroit
point trouuer dans vos ouurages,
des choses qui n'y sont pas ; &
vos Ennemis , par vne addresse
malicieuse , ne feroient point
passer des ombres pour des choses reelles, & ne s'attacheroient
pas à l'apparence du mal , plus
fortement que la veritable Deuotion ne voudroit que l'on fist
au mal mesme.

Ie n'oserois vous découurir
mes sentimens , touchant les
loüanges que cét Obseruateur
donne au Roy. La matiere est
trop delicate, & tous ses beaux
raisonnemens ne tendent qu'à
faire voir que le Roy a eu tort de
ne pas défendre le Festin de
Pierre, apres auoir fait tant de
choses auantageuses pour la Religion. Vous voyez par là, que

ie ne dois pas seulement défendre la Piece de Moliere. Mais encor le plus grand, le plus estimé,
& le plus Religieux Monarque
du monde : mais comme sa pieté
le justifie assez, ie serois temerai-
re de l'entreprendre : je pourrois
dire toutefois, qu'il sçauoit bien
ce qu'il faisoit, en laissant joüer
le Festin de Pierre : qu'il ne vouloit pas que les Tartufles eussent
plus d'authorité que luy dans son
Royaume , & qu'il ne croyoit
pas qu'ils pûssent estre Iuges é-
quitables, puis qu'ils estoient in-
teressez. Il craignoit encor d'au-
thoriser l'hypocrisie , & de bles-
ser par là sa gloire & son deuoir :
& n'ignoroit pas que si Moliere
n'eust point fait Tartufle, on eut
moins fait de plaintes contre luy.
Ie pourrois adjouster que ce

grand Monarque , sçauoit bien
que le Festin de Pierre , est souffert dans toute l'Europe : que
l'Inquisition, quoy que tres-ri-
goureuse, le permet en Italie &
en Espagne : que depuis plusieurs
années on le jouë à Paris , sur le
Theâtre Italien & François , &
mesme dans toutes les Prouin-
ces , sans que l'on s'en soit plaint;
& qu'on ne se seroit pas encor
soûleué contre cette Piece , si le
merite de son Autheur ne luy eust
suscité des Enuieux.

Ie vous laisse à juger , si vn
homme sans passion , & poussé
par vn veritable esprit de charité, parleroit de la sorte. *Certes ,*
c'est bien à faire à Moliere de parler
de la Deuotion, auec laquelle il a si peu
de Commerce, & qu'il n'a iamais con-
nuë, ny par pratique, ny par theorie. Ie

croy que voſtre ſurpriſe eſt grande , & que vous ne penſiez pas
qu'vn homme qui veut paſſer
pour charitable , pût s'emporter
juſques à dire des choſes telle-
ment contraires à la Charité. Eſt-
ce comme vn Chreſtien doit
parler de ſon frere ? Sçait-il le
fond de ſa conſcience ? Le con-
noiſt-il aſſez pour cela ? A-t'il
toûjours eſté auec luy ? Eſt-il enfin vn homme qui puiſſe parler
de la conſcience d'vn autre , par
conjecture ? Et qui puiſſe aſſeu-
rer que ſon Prochain ne vaut
rien , & meſme qu'il n'a iamais
rien valu ? Les termes ſont ſigni-
ficatifs : la penſée n'eſt point en-
ueloppée , & le *Iamais,* y eſt dans
toute l'eſtenduë que l'on luy peut
donner. Peut-eſtre , me direz-
vous, qu'il eſtoit mieux inſtruit

que ie ne pense, & qu'il peut auoir appris la vie de Moliere, par vne Confession generale. Si cela est, ie n'ay rien à vous répondre, sinon qu'il est encor plus criminel : Mais enfin, soit qu'il sçache la vie de Moliere, soit qu'il croye la deuiner, soit qu'il s'attache à de fausses apparences, ses auis ne partent point d'vn frere en Dieu, qui doit cacher les fautes de son prochain à tout le Monde, & ne les découurir qu'au Pecheur.

Ce Donneur d'auis deuroit se souuenir de celuy que Saint Paul donne à tous ceux qui se mélent de juger leurs freres, lors qu'il dit ; *Quis es tu qui iudicas fratrem tuum ? Nonne stabimus omnes ante Tribunal Dei ?* & ne s'émanciper pas si aisément, & au prejudice de la Charité, de juger mesme du fond des ames & des consciences, qui ne sont connuës qu'à Dieu; puisque le mesme Apostre dit, qu'il n'y a que luy qui soit *le Scrutateur des Cœurs.*

Ie vous aduouë que cela doit toucher sensiblemét: qu'il y a des injures qui sont moins choquátes: qui n'ont point de consequences: qui ne signifient souuent rien, & ne font que marquer l'emportement de ceux qui les disent; mais ce qui regarde la Religion, perçant jusques à l'ame, il n'est pas permis d'en parler, ny d'accuser si publiquement son Prochain. Moliere doit toutefois se consoler, puisque l'Obseruateur auance des choses qu'il ne peut sçauoir; & qu'en pechant contre la Verité, i se fait tort à luy-mes-

me, & ne peut nuïre à personne.

Cét Observateur qui ne man-
que point d'adresse, & qui a crû
que celuy deuoit estre vn moyen
infaillible pour terrasser son En-
nemy, apres s'estre seruy du pretexte de la Religion, continuë
comme il a commencé; & par vn
détour aussi delicat que le pre-
mier, fait parler la Reyne Mere;
mais l'on fait souuent parler les
Grands sans qu'ils y ayent pensé.
La deuotion de cette grande &
vertueuse Princesse est trop soli-
de, pour s'attacher à des bagatelles, qui ne sont de consequence
que pour les Tartufles. Il y a plus
long-temps qu'elle connoist le
Festin de Pierre, que ceux qui en
parlent; Elle sçait que l'Histoire
dõt le Sujet est tiré, est arriuée en

B iiij

Espagne, & que l'on l'y regarde
comme vne chose qui peut estre
vtile à la Religion, & faire conuertir les Libertins.

Où en serions-nous, continuë
l'Autheur de ces Remarques, *si
Moliere vouloit faire des Versions de
tous les Liures Italiens : & s'il intro-
duisoit dans Paris, toutes les perni-
cieuses coustumes des Pays Estrangers ?* Il semble à l'entendre, que
les meschans Liures soient permis en Italie ; & pour venir à
bout de ce qu'il souhaite, il blâ-
me le reste de la Terre, afin d'éleuer la France. Ie n'en diray pas
dauantage sur ce sujet, croyant
y auoir assez répondu, quand j'ay
fait voir que le Festin de Pierre
auoit esté permis par tout où on
l'auoit joüé, & qu'on l'auoit
joüé par tout.

Ce Critique, apres auoir fait le procez à l'Italie, & à tous les pays Estrangers, veut aussi faire celuy de Monsieur le Legat; & comme il n'ignore pas qu'il a oüi lire le Tartufle, & qu'il ne l'a point regardé d'vn œil de faux Deuot, il se vange, & l'attaque en faisant semblant de ne parler qu'à Moliere. Il dit (par vne addresse aussi malicieuse qu'elle est injurieuse, & à la qualité, & au caractere de Monsieur le Legat) *qu'il semble qu'il ne soit venu en France que pour approuuer les Pieces de Moliere.* L'on ne peut en verité, rien dire de plus adroit, cette pensée est bien tournée & bien delicate; mais l'on n'en sçauroit remarquer tout l'esprit, que l'on ne reconnoisse en mesme temps la malice de l'Autheur. Son addresse n'est pas moindre à faire le dénombrement de tous les vices du Libertin ; mais ie ne croy pas auoir beaucoup de choses à y répondre, quand j'auray dit, apres le plus grand Monarque du Monde, *qu'il n'est pas recompensé.*

Entre les crimes qu'il impute à Dom Iuan, il l'accuse d'inconstance. Ie ne sçay pas comment on peut lire cét endroit, sans s'empescher de rire ; mais ie sçay bien que l'on n'a iamais repris les Inconstans auec tant d'aigreur ; & qu'vne Maistresse abandonnée ne s'emporteroit pas dauantage que cét Obseruateur, qui prend auec tant de feu le party des Belles. S'il vouloit blâmer les Inconstans, il falloit qu'il fist la Satyre de tout ce qu'il y a iamais eu de Comedies ; mais comme

cét ouurage eust esté trop long,
je croy qu'il a voulu faire payer
Dom Iuan pour tous les autres.

Pour ce qui regarde l'Atheïs-
me, je ne croy pas que son raisonnement puisse faire impres-
sion sur les esprits, puis qu'il n'en
fait aucun. I n'en dit pas deux
mots de suite, il ne veut pas que
l'on luy en parle; & si l'Autheur
luy a fait dire que *deux & deux
sont quatre, & que quatre & quatre
sont huict*, ce n'estoit que pour
faire reconnoistre qu'il estoit
Athée; pource qu'il estoit necessaire qu'on le sçeust, à cause du
chastiment. Mais à parler de bonne foy, est-ce vn raisonnement
que *deux & deux sont quatre, &
quatre & quatre sont huict* ? Ces
paroles prouuent-elles quelque
chose, & en peut-on rien infe-

rer , sinon que Dom Iuan est
Athée ? Il deuoit du moins attirer le Foudre par ce peu de paroles ; c'estoit vne necessité absoluë,
& la moitié de Paris a douté qu'il
le meritât. Ce n'est point vn con-
te : c'est vne verité manifeste, &
connuë de bien des gens. Ce n'est
pas que ie vueille prendre le party de ceux qui sont dans ce doute, il suffit pour meriter le Foudre, qu'il fasse voir par vn signe
de teste qu'il est Athée : & pour
moy ie trouue auec bien d'autres, que ce qui fait blâmer Moliere , luy déuroit attirer des
loüanges, & faire remarquer son
addresse & son esprit. Il estoit
difficile de faire paroistre vn
Athée sur le Theâtre, & de faire
connoistre qu'il l'estoit, sans le
faire parler. Cependant, comme

il ne pouuoit rien dire qui ne fû
blafmé ; l'Autheur du Festin de
Pierre, par vn trait de prudence
admirable, a trouué le moyen de
le faire connoiftre pour ce qu'il
eft, fans le faire raifonner. Ie
fçay que les Ignorans m'objecte-
ront toûjours , *deux & deux font*
quatre , & quatre & quatre font
huict : Et ie leur répondray que
leur efprit eft auffi fort, que ce
raifonnement eft perfuafif. Il
faut auoir de grandes lumieres
pour s'en défendre : il dit beaucoup, & prouue encor dauantage ; & comme cét argument eft
conuainquant, il doit, auec ju-
ftice, faire douter de la veritable
Religion. Il faut auoüer que les
Ignorans & les Malicieux don-
nent bien de la peine aux autres.
Quoy , vouloir que les chofes

qui doiuent iuſtifier vn homme,
ſeruent à faire ſon Procez? Dom
Iuan n'a dit que *deux & deux ſont
quatre , & quatre & quatre ſont
huict* , que pour s'empeſcher de
raiſonner ſur les choſes que l'on
luy demandoit : cependant, l'on
veut que cela ſoit capable de perdre tout le Monde , & que ce qui
ne marque que ſa croyance, ſoit
vn raiſonnement tres - perni-
cieux.

On ne ſe contente pas de faire
le Procez au Maiſtre,on condamne auſſi le Valet , pource qu'il
n'eſt pas habile homme , & qu'il
ne s'explique pas comme vn Docteur de Sorbonne. L'Obſeruateur veut que tout le Monde ait
également de l'eſprit : & il n'exa-
mine point quelle eſt le perſon-
nage. Cependant il deuroit eſtre

fatisfait, de voir que Sganarelle
a le fonds de la confcience bon:
& que s'il ne s'explique pas tout
à fait bien, les Gens de fa forte
peuuent rarement faire dauantage.

Il deuoit pour le moins, continuë ce Deuot à contre-temps,
en parlant de l'Autheur du Feftin
de Pierre, *fufciter quelque Acteur,*
pour fouftenir la caufe de Dieu, &
défendre ferieufement fes interefts.
Il falloit donc pour cela, que l'on
tinft vne Conference fur le Theâtre : que chacun prift Party , &
que l'Athée deduifift les raifons
qu'il auoit de ne croire point de
Dieu. La matiere euft efté belle,
Moliere n'auroit point efté repris, & l'on auroit écouté Dom
Iuan auec patience, & fans l'in-
terrompre. Eft-il poffible que

cela ait pû entrer dans la pensée d'vn homme d'esprit! L'Autheur de cette Comedie n'eust eu pour se perdre, qu'à suiure ces beaux aduis. Il a eu bien plus de prudence ; & comme la matiere estoit delicate, il n'a pas jugé à propos de faire entrer Dom Iuan en raisonnement ; les gens qui ne sont point preoccupez ne l'en blâmeront iamais, & les veritables Deuots n'y trouueront rien à redire.

Ce scrupuleux Censeur ne veut pas que des actions en peinture soient punies par vn Foudre en peinture, & que le châtiment soit proportionné auec le crime : *Mais le Foudre*, dit-il, *n'est qu'vn Foudre en peinture* ; mais le crime l'est aussi ; mais la peinture de ce crime peut frapper l'esprit ; mais

la peinture de ce Foudre peut également frapper le corps : on ne
fçauroit détruire l'vn fans détruire l'autre, ny parler pour l'vn,
que l'on ne parle pour tous les
deux. Mais pourquoy ne veut-
on pas que le Foudre en peinture
faffe croire que Dom Iuan eft
puny;nous voyons tous les iours,
que la feinte mort d'vn Acteur
fait pleurer à vne Tragedie, encor qu'il ne meure qu'en peinture: mais ie voy bien ce que c'eft
l'on veut nuïre à Moliere, & par
vne injuftice incroyable, on ne
veut pas qu'il ait les mefmes pri-
uileges que les autres. Enfin Moliere eft vn Impie, cét Obferua-
teur l'a dit: il faut bien le croire,
puifqu'il a veu vne femme qui
fecoüoit la tefte; & fa piece ne
doit rien valoir, puifqu'il l'a con-
C iij

nu dans le cœur de tous ceux qui
auoient mine d'honnestes gens.
Toutes ces preuues sont fortes
& aussi veritables, qu'il est vray
qu'il n'y a point d'honnestes gens
qui n'ayent bonne mine. Cette
Piece Comi-tragique finit presque par ces belles Remarques,
apres auoir commancé par la
Farce, & par les noms de ceux qui
ont reüssi en ce genre d'écrire, &
de ceux qui ont bien representé
ces Ouurages. Ie ne parle point
des loüanges du Roy par où elle
finit, puisqu'elles ne veulent dire
que la mesme chose que celles
qui sont au commencement du
Liure.

Ie croy, Monsieur, que ces
Contre-Obseruations ne feront
pas grand bruit; peut-estre que
si j'attaquois aussi bien que ie dé-

fens , qu'elles seroient plus di-
uertiſſantes , puiſque la Satyre
fournit des plaiſanteries que l'on
rencontre raremét , lors que l'on
défend auſſi ſerieuſement que ie
viens de faire. Ie puis encor ajoû-
ter que l'Obſeruateur remporte-
ra toute la gloire. Son zele fera
ſans doute, conſiderer ſon Liure,
il paſſera pour vn homme de
conſcience, les Tartufles publie-
ront ſes loüanges ; & le regar-
dans comme leur Vangeur, taſ-
cheront de nous faire condamner, Moliere, & moy, ſans nous
entendre. Pour vous, Monſieur,
vous en croirez ce qu'il vous
plaira, ſans que cela m'empeſche
de croire ce que ie dois.

C iiij

APOSTILLE.

IE crois vous deuoir mander,
auant que fermer ma Lettre,
ce que ie viens d'apprendre.
Vous connoistrez par là, que j'ay
perdu ma cause, & que l'Obseruateur du Festin de Pierre vient
de gagner son Procez. Le Roy
qui fait tant de choses auantageuses pour la Religion, comme il l'auouë luy-mesme: ce Monarque qui occupe tous ses soins
pour la maintenir : ce Prince,
sous qui l'on peut dire auec as-
seurance, que l'Heresie est aux
abois, & qu'elle tire continuelle-
ment à la fin : ce grand Roy, qui
n'a point donné de relasche ny
de treve à l'Impieté, qui l'a pour-
suiuie par tout, & ne luy a laissé

aucun lieu de retraite, vient enfin, de connoiſtre que Moliere eſt
vrayement diabolique, que diabolique eſt ſon cerueau, & que
c'eſt vn Diable Incarné ; & pour
le punir cõme il le merite, il vient
d'ajouſter vne nouuelle penſion
à celle qu'il luy faiſoit l'honneur de luy donner comme Autheur, luy ayant dõné cette ſecon-
de, & à toute ſa Troupe, cómme
à ſes Comediens. C'eſt vn titre
qu'il leur a commandé de prendre ; & c'eſt par là, qu'il a voulu
faire connoiſtre qu'il ne ſe laiſſe
pas ſurprendre aux Tartufles ; &
qu'il connoiſt le merite de ceux
que l'on veut opprimer dans ſon
eſprit, comme il connoiſt ſou-
uent les vices de ceux que l'on
luy veut faire eſtimer. Ie crois
qu'apres cela, noſtre Obſeruateur

C v

auoüera qu'il a eu tort d'accuſer
Moliere, & qu'il doit confeſſer
que la Paſſion la fait écrire. Il ne
peut dire le contraire , ſans de-
mentir ſes propres ouurages ; &
apres auoir dit que le Roy fait
tant de choſes pour la Religion,
(comme ie vous l'ay marqué par
les endroits tirez de ſon Liure, &
qui ſeruiront à le condamner)
il ne peut plus dire que Moliere eſt vn Athée, puiſque le
Roy qui ne donne ny relaſche,
ny treue à l'Impieté , a reconnu
ſon innocence. Il faut bien en ef-
fet, qu'il ne ſoit pas coupable ;
puiſqu'on luy permet de joüer
ſa Piece à la face du Louure, dans
la maiſon d'vn Prince Chreſtien ;
& à la veuë de tous nos ſages Ma-
giſtrats, ſi zelez pour les inter-
eſts de Dieu, & ſous le Regne du

plus Religieux Monarque du Monde. Certes, les Amis de Moliere deuroyent apres cela, rembler pour luy, s'il n'estoit pas innocent ; ces Magistrats si zelez pour les interests de Dieu, & ce Religieux Monarque le perdroient sans ressource, ou l'aneantiroient bientost, s'il est permis de parler ainsi. Bon Dieu, que seroit Moliere, contre tant de Puissances ? & qui pourroit luy seruir de refuge, s'il n'en trouuoit, comme il fait, dans son innocence ?

Ie ne sçay pas, Monsieur, si ie m'en tiendray-là, & si apres auoir mis la main à la plume, ie pourray m'enpescher de combattre quelques endroits, dont ie croy ne vous auois pas assez parlé dans ma Lettre. Vous prendrez si vous voulez cecy pour vne seconde, ou pour vne continuation de la premiere : cela m'embarasse peu, & ne m'empesche point de poursuiure.

L'Obseruateur dela Piece dont ie vous entretiens, dit qu'auant que feu Monsieur le Cardinal de Richelieu eust purgé le Theâtre, la Comedie estoit coquette & libertine, & que Moliere a fait pis puisque sous le voile de l'Hypocrisie il a caché ses *obscenitez*, & ses malices. Quand cela seroit, bien que ie n'en demeure pas d'accord auec luy, comme vous verrez par la suitte, Moliere n'en doit pas estre blasmé. *Si la Comedie, comme il dit, estoit libertine ; si elle escoutoit tout indifferemment, & disoit de mesme tout ce qui luy venoit à la bouche ; si son air estoit lascif, &*

ses gestes dissolus, Moliere n'a pas fait pis, puis qu'il a caché ses obscenitez, & ses malices : & nôtre Critique s'abuse grossierement, ou ne dit pas ce qu'il veut dire, lors qu'il fait passer le Bien pour le Mal.

L'on est, en verité, bien embarassé, lors que l'on veut répondre à des Gens qui se mélent de parler de choses qu'ils ne connoissent point. Comme ils ne sçauent pas eux-mesmes ce qu'ils veulent dire, on a de la peine à le deuiner, & plus encor à y répondre, puis qu'on ne peut que difficilement repartir à des choses côfuses, & qui ne signifient rien, n'estans pas dites dans les formes. L'on deuroit auant que répondre à ces gens-là, leur enseigner ce que c'est que les Ouurages qu'ils

veulent reprendre ; & l'on deuroit par cette mesme raison,
apprendre à l'Autheur de ces
Obseruations, ce que c'est que le
Theâtre , auant que luy faire
aucune replique. A l'entendre
parler de Dom Iuan , presque
dans chaque page de son Liure,
il voudroit que l'on ne veist que
des Vertueux sur le Theâtre. Il
fait voir en parlant ainsi, qu'il
ignore qu'vne des principales re-
gles de la Comedie , est de re-
compenser la Vertu , & de punir
le Vice , pour en faire conceuoir
de l'horreur , & que c'est ce qui
rend la Comedie profitable. On
peut voir par là, que les plus Se-
ueres souffrent les Vices , puisqu'ils ordonnent de les punir : &
que Dom Iuan doit estre plustost
souffert qu'vn autre, puisque son

crime est puny auec plus de ri-
gueur, & que son exemple peut
jetter beaucoup de crainte dans
l'esprit de ses semblables. Nostre
Critique ne nie, toutefois, pas
que l'on doit punir le Vice; mais
il veut qu'il n'y en ait point. Pour
moy, ie ne vois pas où doit tom-
ber le chastiment, ie prie Dieu
que ce ne soit point sur les Hypocrites.

L'Autheur des Obseruations
de la Comedie que ie défends, a
crû, sans doute, qu'il suffiroit
pour nuïre à Moliere, de dire
beaucoup de choses contre luy :
& qu'il deuoit indifferemment
attaquer tous les Acteurs de sa
Piece. C'est dans cette pensée
qu'il l'accuse d'habiller la Comedie en Religieuse ; mais qui con-
siderera bien tout ce que dit à

Dom Iuan, cette Amante delais-
sée, ne pourra s'empescher de
loüer Moliere. Elle se repent de
sa faute: elle fait tout ce qu'elle
peut pour obliger Dom Iuan à se
conuertir: elle ne paroist point
sur le Theâtre en Pecheres-
se; mais en Magdelaine Pe-
nitente. C'est pourquoy l'on ne
peut la blâmer, sans monstrer
trop d'animosité: & faire voir
que de dessein premedité,
l'on reprend dans le Festin de
Pierre, ce que l'on y doit approuuer. Cét Obseruateur ne
se contente pas d'attaquer le
Vice, bien qu'on le permette
à la Comedie, pourueu qu'il soit
puny; il attaque encor la Vertu.
Tout le choque, tout luy déplaist,
tout est criminel auprés de luy.
Ie crois bien que cette pauure

Amante n'a pas esté exempte du peché ; mais qui en a esté exempt? Tous les hommes ne retombent-ils pas tous les iours, dans la pluspart de leurs fautes ? Tout cela n'adoucit point la seuerité de nôtre Censeur : comme il attaque Moliere dans tous les Personnages de sa Piece, il ne veut pardonner à aucun: il leur demande des choses impossibles, & voudroit que cette pauure Fille fust aussi innocente que le iour qu'elle vinst au Mõde. Ie crois, toutefois, qu'il y trouueroit encor quelque chose à redire, puis qu'il condamne la Paysanne. Il ne peut pas mesme souffrir ses reuerences : cependant, cette Paysanne pour estre simple & ciuile, ne se laisse point surprendre. Elle se défend fortement, & dit à

Dom Iuan , *Qu'il faut se défier des beaux Monsieux.* On l'accuse neanmoins, bien qu'elle soit innocente , pource que c'est Moliere qui l'a fait paroistre sur la Scene : & l'on n'en a pas autrefois, condamné d'autres , qui dans le mesme Festin de Pierre , ont ou de force, ou de gré , pendant le cours de la Piece , perdu si visiblement leur honneur , qu'il est impossible à l'Auditeur d'en douter. Iugez apres cela , si la Passion ne fait point parler contre Moliere , & si on l'attaque par vn veritable esprit de Charité , ou pource, qu'il a fait le Tartufle.

Ce Critique , peut estre, trop interessé, & dont l'esprit va droit au Mal , puisqu'il en trouue dans des choses où il n'y en a point de formel, adjouste que la Comedie *est quelquefois chez Moliere, vne Innocente qui tourne par des équiuoques estudiez, l'esprit à de sales pensées.* C'est vne chose dont on ne peut demeurer d'accord, à moins que d'auoir esté dans la teste de l'Autheur du Festin de Pierre, lors qu'il a composé les endroits que nostre Censeur condamne ; car autrement, personne ne peut asseurer que Moliere ait eu cette pensée. Quoy qu'il en soit, on ne le peut accuser que d'auoir pensé, ce qui n'est aucunement permis, & ce qu'on ne peut, sans injustice, puisque c'est asseurer vne chose que l'on ne sçait pas. Si ce Commentateur voyoit que l'endroit dont il parle, pust tourner l'esprit à de sales pensées, il le deuoit passer sous silence, & n'en deuoit point aduertir tout le

D iiij

Monde, pour n'y pas faire songer ceux qui n'y penſoient point.
Ce zele eſt indiſcret, & ce Com-
mentaire eſt plus meſchant que
la Comedie; puiſque le mal eſt
dedans, & qu'il n'eſt pas dans la
Piece.

Apres auoir parlé de la Pay-
ſanne, des Equiuoques qui tour-
nent l'eſprit à de ſales pensées, &
d'autres choſes de cette nature,
le Défenſeur des Tartufles taſche
à prouuer par tout cela, que Moliere eſt vn Athée. Voyez vn peu
quel heureux Raiſonnement !
Quel zele, & quelle profondeur
d'eſprit ! Ah! que cét Obſeruateur ſçait bien marquer les endroits qui font connoiſtre les
Athées! Il n'eſt rien de plus juſte
que ce qu'il auance. Quoy, Moliere formera des Coquettes ?

Quoy, il mettra des Equiuoques
qui tourneront l'esprit à de sales
pensées, & l'on ne l'appellera pas
Athée ? Il faudroit bien auoir
perdu le jugement, pour ne luy
pas donner ce nom ; puisque c'est
là justement ce qui fait vn Athée.
I'auouë sans estre Tartufle, que
ce Raisonnement me fait trem-
bler pour mon Prochain ; & ie
croy que s'il auoit lieu, l'on pourroit compter autant d'Athées,
qu'il y a d'hommes sur la terre.
Nous ne deuons pas laisser
de loüer ce Critique ; il reüssit
bien dans ce qu'il entreprend, &
soûtient parfaitemét le Caractere des faux Deuots, dont il défend
la Cause. Ils sont accoustumez à
crier, & à faire du bruit. Ils gros-
sissent hardiment les choses qui
sont de peu de consequence, &

D v

forgent des Monstres afin de faire peur, & d empescher que l'on entreprenne de les combattre.

Sçauez-vous bien, Monsieur, où tout ce beau raisonnement sur l'Atheisme, aboutit ? a vne Satyre de Tartufle : l'Obseruateur n'auoit garde d'y manquer, puisque ses remarques ne sont faites qu'à ce dessein. Comme il sçait que tout le Monde est desabusé, il a apprehendé que l'on ne le jouast. & c'est ce qui luy a fait mettre la main à la plume. Puisqu'il m'a donné occasion de parler de Tartufle, vous ne serez, peut-estre, pas fasché que ie dise deux mots en sa défense : & que ie combatte tout ce que les faux Deuots ont dit côtre cette Piece; ils ont parlé sans sçauoir ce qu'ils disoient ; ils ont crié sans sçauoir

contre quoy ils crioient ; ils se
sont étourdis eux-mesmes du
bruit qu'ils ont fait, & ils ont eu
tant de peur de se voir joüez,
qu'ils ont publié que l'on atta-
quoit les vrais Deuots encor que
l on n'en voulust qu'aux Tartufles. Ie veux que ce qu'ils publient soit veritable, & que le
faux & le veritable Deuot n'ayēt
qu'vne mesme apparence ; mais
Moliere, dont la prudence égale
l'esprit, ne dit pas dans toute sa
Piece, deux vers côtre les Hypocrites, qu il n'y en ait ensuite
quatre à l'auantage des vrais Deuots, & qu'il n'en fasse voir la
difference. C'est ce qui a fait approuuer le Tartufle par tant de
Gens de merite, depuis que les
Hypocrites l'ont voulu perdre.
Dans toutes les lectures que son

Autheur a faites aux veritables
Deuots, cette Comedie a toûjours
triomphé à la honte des Hypocrites ; & ceux qui n'auroient pas
dû la souffrir à cause de leur
profession, l'ont admirée : ce qui
fait voir qu'on ne la pouuoit
condamner, à moins d'estre sur-
pris par les Originaux dont Tartufle n'est qu'vne Copie. Ils n'ont
point dementy leur Caractere
pour en venir à bout, leur jeu a
toufiours esté couuert, leur pretexte specieux, leur intrigue
secrette ; ils ont caballé auant
que la Piece fut à moitié faite,
de peur qu'on ne la permist,
voyant qu'il n'y auoit point de
mal. Ils ont fait, enfin, tout ce que
des Gens, comme eux, ont de coû-
tume : & se sont seruis de la veritable Deuotion pour empescher

de

de joüer la fauſſe. Ie n'en dois
pas demeurer là, & j'ay trop do
choſes à dire à l'auantage de Tartufle, pour finir ſi-toſt ſa juſtifi-
cation, puiſque ie pretens prouuer qu'il eſt impoſſible de joüer
vn veritable Deuot, quand meſme on en auroit deſſein, & que
l'on y trauailleroit de tout ſon
pouuoir. Par exemple, ſi on euſt
fait paroiſtre ſur le Theâtre, vn
Homme à qui on n'eut donné
que le nom de Deuot, & que l'on
luy euſt fait en meſme temps, entreprendre tout ce que fait Tartufle, tout le Monde auroit crié,
ce n'eſt point là vn veritable Deuot, c'eſt vn Hypocrite qui tâche
à nous tromper ſous ce nom.
Puiſqu'il eſt ainſi, comme on
n'en peut douter ; puiſque, diſie,
on connoiſt l'Hypocrite par ſes

E

méchantes actions, lors qu'il prend le nom & l'exterieur d'vn Deuot, pourquoy veut-on pour nuire à Moliere, qu'vn homme qui a non seulement le nom d'hypocrite, mais encor qui en fait les actions, soit pris pour vn veritable Deuot? Cela est inouy. Il faudroit que l'ordre de toutes choses fut renuersé, cependant c'est ce que les Hypocrites qui craignent d'estre joüez, reprennent dans la Piece de Moliere. Pour moy, ie ne sçay pas par où l'on pourroit joüer vn vray Deuot : pour joüer les Personnes, il fait representer naturellement ce qu'elles font; si l'on represente ce que fait vn veritable Deuot, l'on ne fera voir que de bonnes actions ; si l'on ne fait voir que de bonnes actions, le veritable

Deuot ne sera point joüé. L'on
me dira, peut-estre, qu'au lieu de
luy faire faire de bonnes actions,
on luy en fait faire de méchantes:
si l'on luy fait faire de méchantes
actions, ce n'est plus vn Deuot,
c'est vn Hypocrite, & l'hypocrite
par conséquent est seul joüé, &
non pas le vray Deuot. Ie sçay
bien que si les vrais & faux Deuots paroissoient ensemble, que
s'ils auoient vn mesme habit &
vn mesme colet, & qu'ils ne par-
lassent point, on auroit raison de
dire qu'ils se ressemblent; c'est là
justement où ils ont vne mesme
apparence, mais l'on ne juge pas
des hommes par leur habit, ny
mesme par leurs discours, il faut
voir leurs actions ; & ces deux
Personnes auront à peine commencé d'agir, que l'on dira d'a-

bord ; voilà vn veritable Deuot,
voilà vn Hypocrite. Il est impof-
fible de s'y tromper ; & fi ie ne
craignois d'eftre trop long , & de
vous ennüyer par des raifons
que vous deuez mieux fçauoir
que moy, je parlerois encor long-
temps, fur cette matiere. Ie vous
diray pourtant auant que de la
quitter, que les veritables Deuots
ne font point compofez , que
leurs manieres ne font point affe-
ctées, que leurs grimaces, & leurs
démarches ne font point eftu-
diées, que leur voix n'eft point
contrefaite ; & que ne voulant
point tromper , ils n'affectent
point de faire paroiftre que leurs
mortifications les ont abbatus.
Comme leur confcience eft net-
te, ils en ont vne joye interieu-
re, qui fe répand jufques fur leur

visage. S'ils font des austeritez,
ils ne les publient pas, ils ne chan-
tent point des injures à leur prochain pour le conuertir, ils ne le
reprennent qu'auec douceur, &
ne le perdent point dans l'esprit
de tout le Monde. C'est vne ma-
niere d'agir dont les Tartufles
ne se peuuent défaire, & qui pas-
se pour vn des plus grands crimes que l'on puisse commettre,
puisqu'il est mal-aisé de rendre
la reputation à ceux à qui on l'a
vne fois fait perdre, encor que
ce soit injustement.

Comme la foule est grande
aux Pieces de Monsieur de Moliere, & que c'est vn témoignage
de leur merite, l'Obseruateur
qui voit bien que cela suffit pour
le faire condamner, & qui com-
bat autant qu'il peut ce qui nuit

à son dessein , dit que la cu-
riosité y attire des gens de toutes
parts ; mais que les Gens de bien
les regardent comme des Prodi-
ges , & s'y arrestent comme aux
Eclypses & aux Comettes. Ce
raisonnement se détruit assez de
soy-mesme , & l'on voit bien que
c'est chercher de fausses couleurs
pour déguiser la Verité. Moliere
n'a fait que deux Pieces que les
Tartuffes reprennent , dont l'v-
ne n'a pas esté jouée. Cependant,
nous auons également veu du
Monde à douze ou treize de ses
Pieces ; il faut bien que le merite
l'y attire , & l'on doit estre per-
suadé que toute la France a plus
de lumieres que l'Autheur des
Observations du Festin de Pierre. Si l'on regardoit ses Pieces
comme des Eclypses & des Co-

mettes, on n'iroit pas si souuent:
il y a long-temps que l'on ne
court plus aux Eclypses , on se
lasse mesme des Cometes quand
elles paroissent trop souuent.
L'experience en fait foy, nous en
auons depuis peu veu d'eux de
suite à Paris ; & bien que la derniere fust plus considerable que
l'autre , elle n'a trouué parmy
la grande foule du Peuple que
fort peu de gens qui se soient
voulu donner la peine de la re-
garder. Il n'en est pas arriué de
mesme des Pieces de Moliere,
puisque l'on les a toutes esté voir
auec le mesme empressement.

J'oubliois qu'il rapporte quelques exemples des anciens Comediens ; mais il n'étale pas leurs
Ouurages comme il fait ceux de
Moliere. Sa malice est affectée,

E iiij

& il semble à l'entendre dire,
qu'ils n'ayent esté condamnez
que pour des bagatelles : cependant, s'il faisoit vne peinture de
leurs crimes , vous verriez que
les Empereurs les ont punis de
mesme que le Roy a recompensé
Moliere selon son merite. Il parle encor d'vn Philosophe, qui se
vantoit que personne ne sortoit
chaste de sa Leçon : jugez de son
crime par son insolence à le pu-
blier, & si nous ne punirions pas
plus rigoureusement que ceux
qu'il nous cite, vn Coupable qui
se vanteroit d'vn tel crime. Ces
exemples sont bons pour surprendre les ignorans ; mais ils ne
seruent qu'à justifier Moliere
dans l'esprit des Personnes rai-
sonnables.

Ie dois, Monsieur, vous auer-

tir en finissant, de songer serieu-
sement à vous. La Piece de Moliere va causer des desordres
épouuantables ; & le zelé Refor-
mateur des Ouurages de Theâtre, le Bras droit des Tartufles,
l'Obseruateur enfin qui a écrit
contre luy, parle à la fin de son
Ouurage comme vn Desesperé
qui se prend à tout. Il menace les
Throsne des Roys, il nous menace de Deluges, de Peste, de
Famine ; & si ce Prophete dit
vray, ie croy que l'on verra bientost finir le Monde. Si j'ose toutefois vous dire ma pensée, ie croy
que Dieu doit bien punir d'autres crimes, auant que nous
faire payer la peine de ceux qui
se sont glissez dans les Comedies,
en cas qu'il y en ait. C'est vne
vangeance que les Hypocrites

& ceux qui accusent leur Prochain, ne verront jamais, puisque leurs crimes estant infini-
ment plus grands que ceux là,
ils doiuent les premiers sentir les
effets de la colere d'vn Dieu
Vangeur.

FIN.